Copyright © 2016 Disney Enterprises, Inc. and Pixar Animation Studios

Adaption: Samantha Crockford Layout: Amy McHugh und Vanessa Mee
Illustrationen: Disney Storybook Artists

Alle Rechte vorbehalten. Die vollständige oder auszugsweise Speicherung, Vervielfältigung oder Übertragung dieses Werkes, ob elektronisch, mechanisch, durch Fotokopie oder Aufzeichnung, ist ohne vorherige Genehmigung des Rechteinhabers urheberrechtlich untersagt.

Die deutsche Ausgabe erscheint bei
Parragon Books Ltd
Chartist House
15–17 Trim Street
Bath BA1 1HA, UK
www.parragon.com

Realisation der deutschen Ausgabe:
trans texas publishing services GmbH, Köln
Übersetzung: Ronit Jariv, Köln

ISBN 978-1-4748-5313-2
Printed in China

Dorie war ein kleiner blauer Doktorfisch. Sie lebte mit ihren Eltern in einem wunderschönen Korallenriff.

Schon von klein auf fiel es Dorie schwer, sich an Dinge zu erinnern. Sie litt nämlich unter Gedächtnisschwund.

„Hallo, ich bin Dorie", sagte sie ständig, wenn sie einem anderen Meeresbewohner begegnete – auch, wenn sie diesen schon kannte.

Dories Eltern machten sich um ihre vergessliche Tochter Sorgen und taten alles, was sie konnten, damit Dorie sich nicht verirrte. Doch eines Tages entfernte Dorie sich zu weit von zu Hause und fand nicht mehr zurück. Sie war nun ganz allein.

Als es dunkel wurde, schwamm Dorie unter einen Felsen und versuchte zu schlafen.

„Immer weiterschwimmen, immer weiterschwimmen", murmelte sie vor sich hin und schloss die Augen.

Dorie schwamm weiter und weiter und entfernte sich immer mehr von ihrem Zuhause.

Die Zeit verging, und Dorie wurde erwachsen. Aber sie fragte immer noch jeden Fisch, den sie traf, ob dieser ihre Eltern gesehen hätte. Doch das hatte keiner.

„Hallo, ich habe meine Familie verloren", sagte Dorie stets. „Kannst du mir helfen?"

„Wo hast du sie denn zuletzt gesehen?", fragten die Fische dann.

„Na ja … äh. Ist 'ne komische Geschichte, aber, äh … ich hab sie vergessen."

Die arme Dorie hatte sogar vergessen, woher sie kam und warum sie ganz allein im weiten Meer umherschwamm.

Eines Tages, als Dorie wie immer ziellos durch die Gegend schwamm, schoss ein Boot über sie hinweg. Und dann stieß sie mit einem Clownfisch zusammen, der aufgeregt irgendetwas von seinem Sohn Nemo blubberte.

„Sie haben ihn weggeholt!", jammerte der Clownfisch. „Ich muss das Boot finden!"

„Ein Boot?", sagte Dorie. „Hey, ich habe ein Boot gesehen!"

Dorie und der Clownfisch, der Marlin hieß, schwammen dem Boot hinterher, um Nemo zu finden ...

Ein Jahr später, lange nachdem Marlin und Dorie den kleinen Nemo gefunden und zurück nach Hause gebracht hatten, lebten die drei Freunde zusammen im Korallenriff in einem schönen und fröhlichen Zuhause. Sie hatten jede Menge Spaß.

Marlin und Nemo achteten stets darauf, dass Dorie nicht allein losschwamm und sich verirrte.
Dorie war sehr glücklich und hatte vergessen, nach ihren Eltern zu suchen. Marlin und Nemo waren nun ihre Familie.

Eines Tages machte Nemos Lehrer Herr Rochen mit Nemos ganzer Klasse einen Ausflug. Dorie durfte als Begleitfisch mitschwimmen. Die Klasse beobachtete, wie die Stachelrochen im Schwarm zurück in ihre Heimat wanderten.

Was für ein Anblick! Hunderte von Rochen bewegten ihre riesigen Flossen und sangen beim Schwimmen. Dorie war begeistert.

Herr Rochen warnte seine Schüler davor, dem Schwarm zu nahe zu kommen, weil der Flossenschlag der Tiere einen Sog im Wasser erzeugte, der kleine Fische mit sich reißen konnte.

Doch Dorie war so aufgeregt, dass sie Herrn Rochens Warnung vergaß. Sie schwamm zu dicht an den Rochenschwarm heran, und bevor jemand ihr helfen konnte, geriet sie in dessen Sog.
Erst drehte sich alles, und dann wurde Dorie ganz schwarz vor Augen.

Als Dorie wieder zu sich kam, fiel ihr Blick auf Marlin und Nemo, die sich besorgt über sie beugten. Die beiden hatten sie nach Hause gebracht.
Noch ganz benommen murmelte sie etwas, das nur Nemo hören konnte.
„Juwel der Morro Bay, Kalifornien?", wiederholte er.

Plötzlich war Dorie hellwach. Eine ganze Erinnerungswelle überflutete ihren Kopf.

„Oh", rief sie, „ich habe mich an etwas erinnert! Eine richtige, echte Erinnerung! Es ist etwas Wichtiges!"

Es dauerte einen Moment, bis Dorie ihre Gedanken geordnet hatte, doch dann wurde ihr klar: Das Juwel der Morro Bay war ihr altes Zuhause! Sie erinnerte sich sogar daran, wie ihre Eltern aussahen.

„Meine Familie!", rief Dorie. „Ich erinnere mich an meine Familie!"

Die plötzlichen Erinnerungen verdrehten Dorie völlig den Kopf. Erst schwamm sie panisch herum, dann steuerte sie auf den Rand des Riffs zu. Marlin und Nemo jagten ihr hinterher.

„Ich habe eine Familie", rief Dorie ihnen zu, „und die weiß nicht, wo ich bin. Also nichts wie los, macht euch bereit!"

„Dorie, Kalifornien ist am anderen Ende des Ozeans", sagte Marlin.

Dorie hielt an und drehte sich zu ihren Freunden um.

„Bitte", sagte sie, „ich weiß nur ... dass ich sie vermisse. Bisher hatte ich keine Ahnung, wie das ist. Wisst ihr, wie sich das anfühlt?"

Marlin sah Nemo an, seinen Sohn, den er auch einmal fast für immer verloren hatte.

„Ja", sagte Marlin, „ich weiß, wie sich das anfühlt."

„Bitte, Marlin", sagte Dorie. „Alleine finde ich sie nicht. Ich vergesse doch alles. Bitte hilf mir, meine Familie zu finden."

„Na los, Dad", fügte Nemo hinzu. „Du kannst uns doch bis ans andere Ende des Ozeans bringen, oder?"

„Nein", antwortete Marlin, „aber ich kenne da jemanden ..."

Marlin, Nemo und Dorie schwammen auf dem Rücken ihres alten Freundes Crush, einer Meeresschildkröte, zum anderen Ende des Ozeans. In Morro Bay waren sie plötzlich von Abfall umgeben.

„Das kommt mir irgendwie bekannt vor", sagte Dorie.

Und dann fiel ihr noch etwas ein – damals, als sie ihre Eltern verlor, hatte sie die Krebse, die hier lebten, um Hilfe gebeten.

Plötzlich erschien ein Riesenkrake und machte Jagd auf Marlin, Nemo und Dorie! Die drei schwammen um ihr Leben.

Obwohl sie es geschafft hatten, den Fängen des Kraken zu entkommen, war Marlin sehr aufgebracht, denn Nemo wäre um ein Haar schwer verletzt worden. Dorie versuchte, Nemo zu trösten, aber Marlin war immer noch wütend.

„Warte da drüben und vergiss einfach alles", sagte er. „Das kannst du ja am Besten."

Dorie war traurig, dass Marlin so wütend auf sie war. Sie wollte es wiedergutmachen und schwamm davon, um Hilfe zu suchen.

Auf einmal hörte sie aus der Ferne eine laute Stimme: „Willkommen im Meeresbiologischen Institut. Unser Motto lautet: Retten, Rehabilitieren, Rauslassen."

Dorie schwamm an die Oberfläche, wo Marlin und Nemo sie einholten.

„Hey Leute, ich habe Hilfe gefunden!", rief Dorie.

„Pass auf!", brüllte Marlin, als hinter Dorie ein Boot auftauchte. Bevor sie reagieren konnte, wurde Dorie von einem Menschen gefangen und mitgenommen!

„Mach dir keine Sorgen, Dorie!", rief Marlin erschrocken. „Ganz ruhig bleiben! Wir kommen und retten dich!"

Dorie fand sich in einem großen Raum wieder, wo man sie in ein kleines Aquarium kippte. Ein Mensch ergriff sie und befestigte ein orangefarbenes Etikett an ihrer Flosse. Plötzlich wurde Dorie wie aus dem Nichts zur Begrüßung ein Oktopustentakel hingehalten.

„Hey, ich bin Hank", sagte der Oktopus.

Hank erklärte Dorie, dass sie sich in Quarantäne befand und das Etikett ein Transportzettel sei – es zeigte an, dass man sie in ein Aquarium nach Cleveland verschicken würde.

„Cleveland!", stöhnte Dorie. „Ich kann unmöglich nach Cleveland! Ich muss doch zum Juwel der Morro Bay in Kalifornien ..."

„Da sind wir ja gerade", sagte Hank. „Im Meeresbiologischen Institut im Juwel der Morro Bay in Kalifornien."

Hank wollte Dories orangefarbenes Etikett haben, um in Cleveland in einem eigenen Aquarium leben zu können. Er mochte die Gesellschaft anderer Fische nicht.

Dorie erklärte ihm, dass sie ihre Eltern finden müsse, und überredete Hank zu einem Tauschgeschäft: Hank war bereit, Dorie zu helfen, und dafür wollte Dorie ihm das Etikett geben. Hank holte Dorie aus dem Aquarium, setzte sie in eine Kaffeekanne mit Wasser und machte sich auf den Weg.

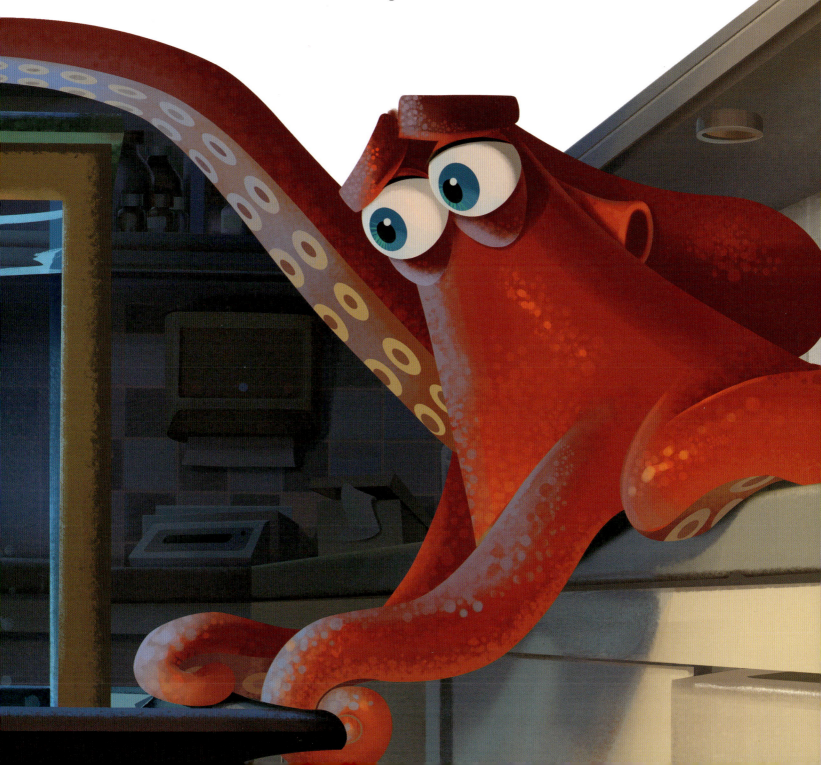

Hank trug Dorie zu einer Karte des Meeresbiologischen Instituts. Darauf entdeckte sie eine lila Muschel, die eine weitere Erinnerung in ihr auslöste. Sie erinnerte sich daran, dass ihre Mutter Muscheln geliebt hatte!

Dorie fiel ein, dass sie als Kind Muscheln gesammelt hat. Ihre Eltern legten mit ihnen einen Weg nach Hause aus, falls Dorie sich mal verirrte.

Plötzlich kam ein Mitarbeiter des Instituts mit einem Eimer vorbei. Hank versteckte sich, aber Dorie konnte noch lesen, dass auf dem Eimer das Wort DESTINY stand. „Destiny" bedeutet Schicksal, und plötzlich wusste Dorie, dass sie unbedingt in diesen Eimer springen musste. Und das tat sie auch! Hank folgte ihr, so schnell er konnte, als man sie mit dem Eimer wegtrug.

Aus dem Eimer wurde Dorie in ein großes Wasserbecken gekippt, in dem ein riesiger Walhai namens Destiny lebte. Destiny konnte nicht sehr gut sehen und schwamm oft gegen die Wände des Beckens. Ihr Mitbewohner war ein Weißwal namens Bailey. Er lebte im Institut, weil er sich den Kopf gestoßen und seine Fähigkeit zur Echo-Ortung verloren hatte.

Destiny fiel ein, dass sie Dorie von früher kannte.

Dorie hatte nebenan in der Ozeanwelt-Ausstellung gelebt, und sie hatten sich über die Wasserrohre hinweg unterhalten.

Dorie musste unbedingt in die Ozeanwelt-Ausstellung gelangen – dort würde sie ihre Eltern finden!

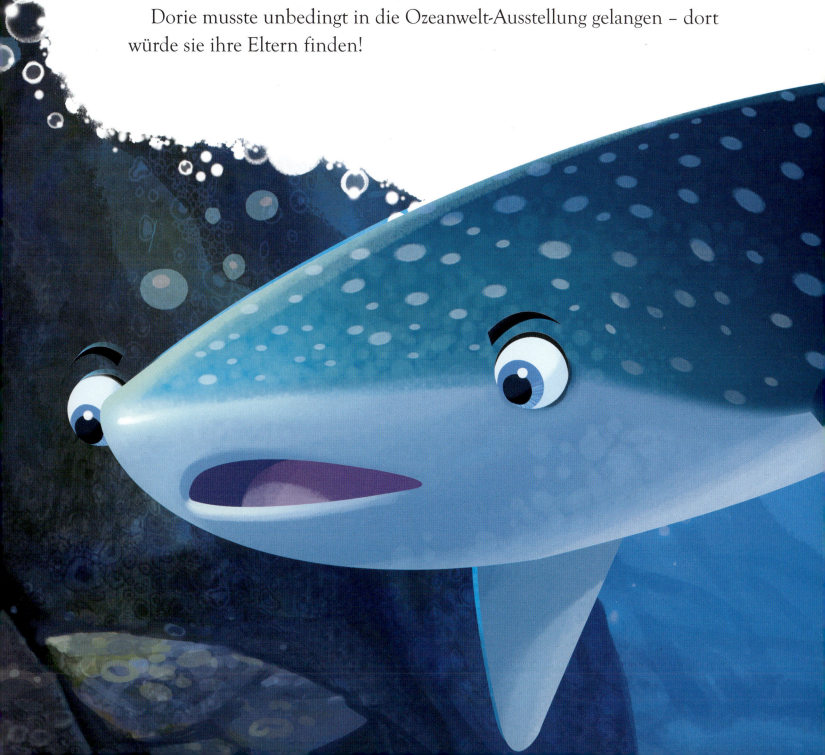

Auf der Suche nach der Ozeanwelt-Ausstellung führte Dorie Hank in die falsche Richtung, sodass sie auf einmal im Anfassbecken für Kinder landeten. Kleine gierige Hände kamen von oben auf sie zu. Es war schrecklich!

Hank versteckte sich unter einem großen Stein und weigerte sich, wieder hervorzukommen.

„Es tut mir leid, dass ich mich nicht richtig erinnern kann, Hank", sagte Dorie.

In diesem Augenblick fiel Dorie ein, dass sie einmal genau dasselbe zu ihren Eltern gesagt hatte. Ihre Mutter hatte geantwortet, dass es ihr nicht leidtun müsse.

„Weißt du, was du tun musst?", hatte sie gesagt. „Einfach ... immer weiterschwimmen."

„Hank, wir müssen einfach immer weiterschwimmen!", rief Dorie.
Doch Hank wollte nicht.
„Ich weiß, dass du Angst hast", sagte Dorie, „aber du darfst jetzt nicht aufgeben. Folge mir!"

Dorie ergriff einen von Hanks Fangarmen, und gemeinsam schwammen sie durch das Anfassbecken. Da stupste eines der Kinder Hank an, sodass er vor Schreck seine Tinte verströmen ließ. Das ganze Becken wurde schwarz! Die Kinder schrien laut und rannten weg. Hank und Dorie waren außer Gefahr.

„Toll", staunte Hank, „d-du ... hast uns da rausgeholt."

Draußen in der Bucht hatten Marlin und Nemo in der Zwischenzeit einen Vogel namens Becky kennengelernt, der sie in einem Eimer ins Meeresbiologische Institut trug. Marlin hatte panische Angst, aber er wusste, dass es keinen anderen Weg gab, um Dorie zu finden.

Auf dem Weg zu den Ausstellungsräumen des Instituts entdeckte Becky auf dem Boden verschüttetes Popcorn. Da hängte sie den Eimer mit Marlin und Nemo einfach an einen Ast und flog hinab, um das Popcorn aufzupicken!

Marlin und Nemo sprangen aus dem Eimer und landeten schließlich in einem kleinen Aquarium im Souvenirladen des Instituts. Sie hatten keine Ahnung, was sie nun tun sollten, und machten sich große Sorgen um Dorie.

„Wenn sie hier wäre, wüsste sie bestimmt, was zu tun ist", sagte Marlin. „Ich weiß nicht, wie sie das immer schafft."

„Ich glaube, das weiß sie selber nicht", meinte Nemo.
„Sie *macht* es einfach."

Marlin wusste, das Nemo recht hatte.

„Was würde Dorie jetzt wohl tun?", fragte Nemo.

Marlin wurde klar, dass Dorie sich einfach umsehen würde und ...
In diesem Moment erblickte er eine Reihe von Wasserfontänen, die in ein Außenbecken führten. Er seufzte.

„Dorie würde es tun", sagte Nemo mit einem Grinsen.

Also schwammen die beiden zu den Wasserfontänen. Ein Wasserstrahl schleuderte sie zum nächsten und so weiter, bis sie sicher im Außenbecken gelandet waren. Sie hatten es geschafft!

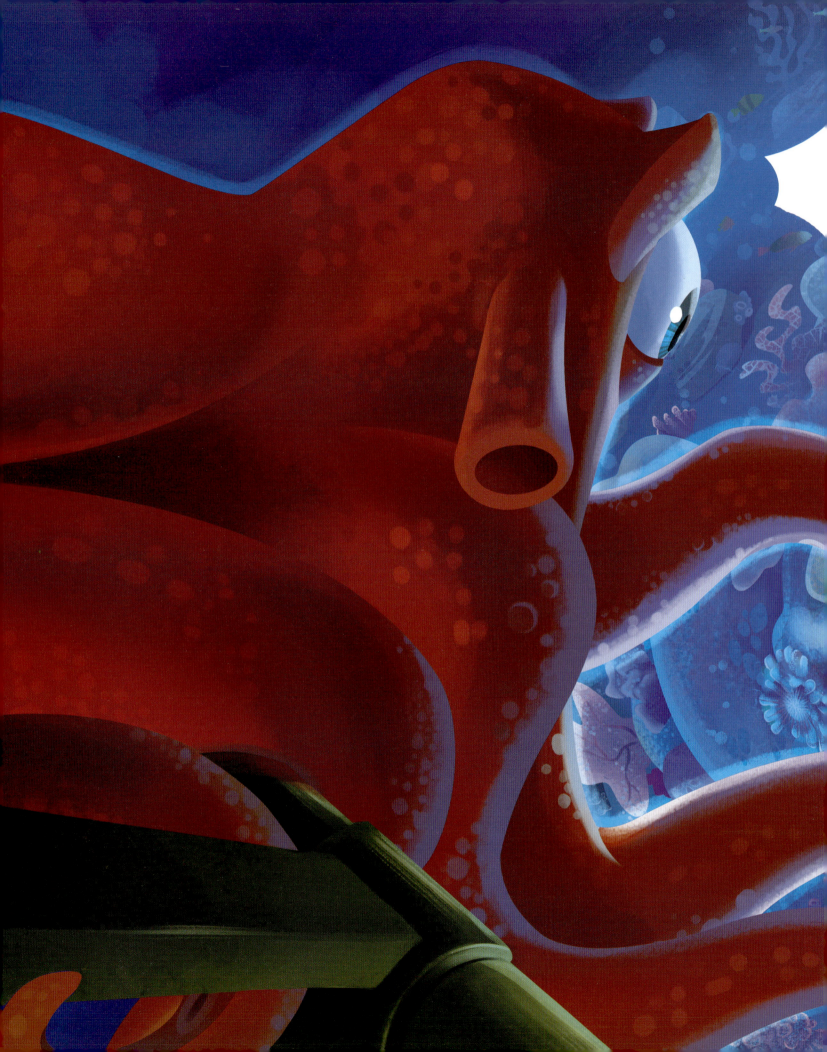

Hank und Dorie hatten inzwischen endlich die Ozeanwelt-Ausstellung erreicht.

Dorie konnte kaum glauben, dass sie gleich ihre Eltern wiedersehen würde!

„Sie sind doch dort unten, oder?", wollte sie von Hank wissen. „Ich hoffe, ich finde sie."

„Wie ich dich kenne, sind deine Chancen gar nicht so schlecht", meinte Hank. „Viel Glück."

Mit diesen Worten setzte er Dorie ins Wasser.

Dorie durchschwamm das klare kühle Wasser des Beckens. Am Boden lagen Muscheln genau wie die, an die sie sich aus ihrer Kindheit erinnerte. Dies war ihr Zuhause!

Plötzlich sah Dorie vor der Öffnung eines Wasserrohrs eine lila Muschel. Sie erinnerte sich, dass ihre Eltern sie immer ermahnt hatten, nicht zu nah heranzuschwimmen, um nicht hineingezogen zu werden.

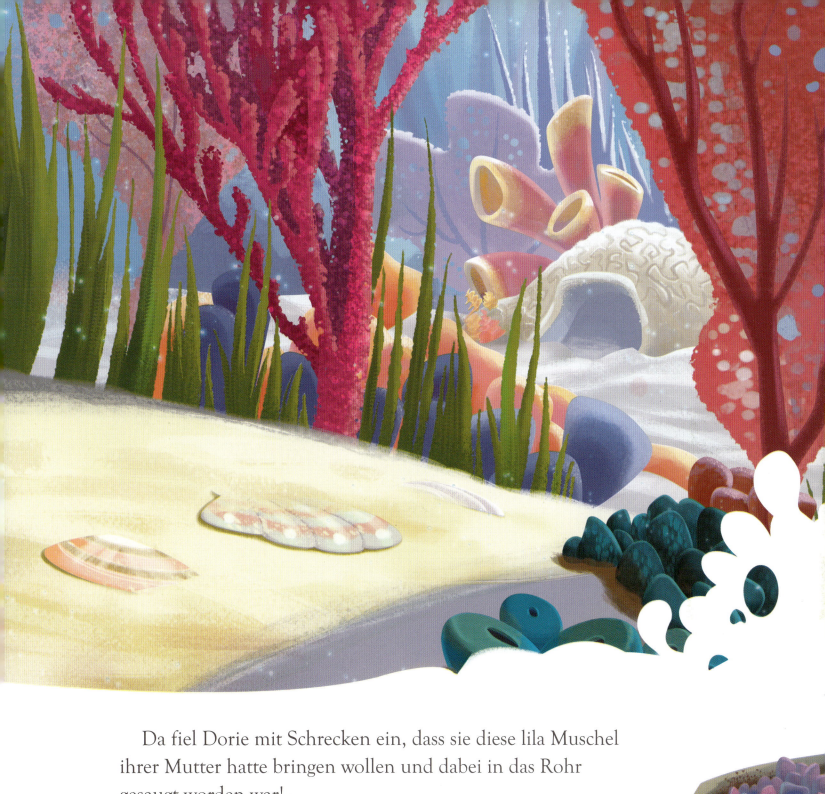

Da fiel Dorie mit Schrecken ein, dass sie diese lila Muschel ihrer Mutter hatte bringen wollen und dabei in das Rohr gesaugt worden war!

„Es ist alles meine Schuld", flüsterte sie.

Dorie wusste nicht weiter. Dies war ihr Zuhause, aber es lebten keine blauen Doktorfische mehr hier!

Ein kleiner Krebs erzählte Dorie, dass alle Doktorfische in die Quarantänestation gebracht worden waren und demnächst in das Aquarium in Cleveland verschickt würden.

„Was? Nein!", rief Dorie. „Ich bin doch gerade erst angekommen!"

Der Krebs erklärte ihr, dass es ganz einfach sei, durch die Rohre in die Quarantänestation zu gelangen. „Du musst nur zweimal links und einmal rechts abbiegen", sagte sie.

Dorie starrte in die Öffnung des Wasserrohrs, nahm ihren ganzen Mut zusammen und quetschte sich durch das enge Gitter in den dunklen Tunnel.

„Alles klar", sagte sie sich, „ich schaffe das. Zweimal links und einmal rechts."

Kurz darauf hatte Dorie bereits vergessen, wie viele Male sie schon links abgebogen war. Sie hatte sich verirrt! Panik stieg in ihr auf, doch dann erinnerte sie sich an ihre Freunde Destiny und Bailey – sie konnte sie durch die Rohre rufen!

„Destiniiiii!", rief Dorie mit ihrer besten Walstimme.

„Dorie?", antwortete eine Stimme. Es war Destiny!

Destiny hatte eine Idee. Bailey konnte seine Echo-Ortung einsetzen, um Dorie zu finden und ihr Richtungsanweisungen zu geben. Er musste nur ein Ooo-Geräusch machen, und schon kam das Echo zu ihm zurück. Das war so, als würde er in seinem Kopf ein Bild sehen.

Bailey glaubte immer noch, dass seine Echo-Ortung nicht funktionierte, aber Destiny überredete ihn, es trotzdem zu probieren. Und nach ein paar Versuchen klappte es! Er konnte Dorie und das gesamte Rohrsystem sehen! Auf diese Weise leitete Bailey sie durch die Rohre.

Dorie folgte Baileys Anweisungen – und stieß dabei auf Marlin und Nemo, die auf der Suche nach ihrer Freundin ebenfalls durch die Rohre geirrt waren. „Ihr habt mich gefunden!", rief Dorie.

Marlin wollte gleich den Heimweg antreten, doch Dorie hielt ihn zurück.

„Meine Eltern sind hier", sagte sie.

„Du hast deine Eltern gefunden?", fragte Nemo erstaunt.

Dorie erzählte ihnen alles, was passiert war. Dann machten sie sich gemeinsam auf den Weg zur Quarantänestation.

In der Quarantänestation sprangen sie in eines der Aquarien. Doch sie mussten leider feststellen, dass das Aquarium mit den Doktorfischen schon auf den Laster nach Cleveland geladen worden war.

Plötzlich tauchte Hank auf.

„Hank, wir müssen irgendwie auf den Laster kommen", sagte Dorie.

Hank steckte Dorie diesmal zusammen mit Marlin und Nemo in eine Kaffeekanne und kippte sie dann in das Aquarium auf dem Laster.

Die anderen Doktorfische erkannten Dorie wieder, hatten aber schlechte Nachrichten für sie: Dories Eltern waren schon vor Jahren von der Ozeanwelt in die Quarantänestation gebracht worden. Wo sie sich jetzt aufhielten, wusste niemand!

Dorie war am Boden zerstört. Langsam schwamm sie zurück in die Kaffeekanne. Hank ergriff die Kanne und kletterte aus dem Laster.

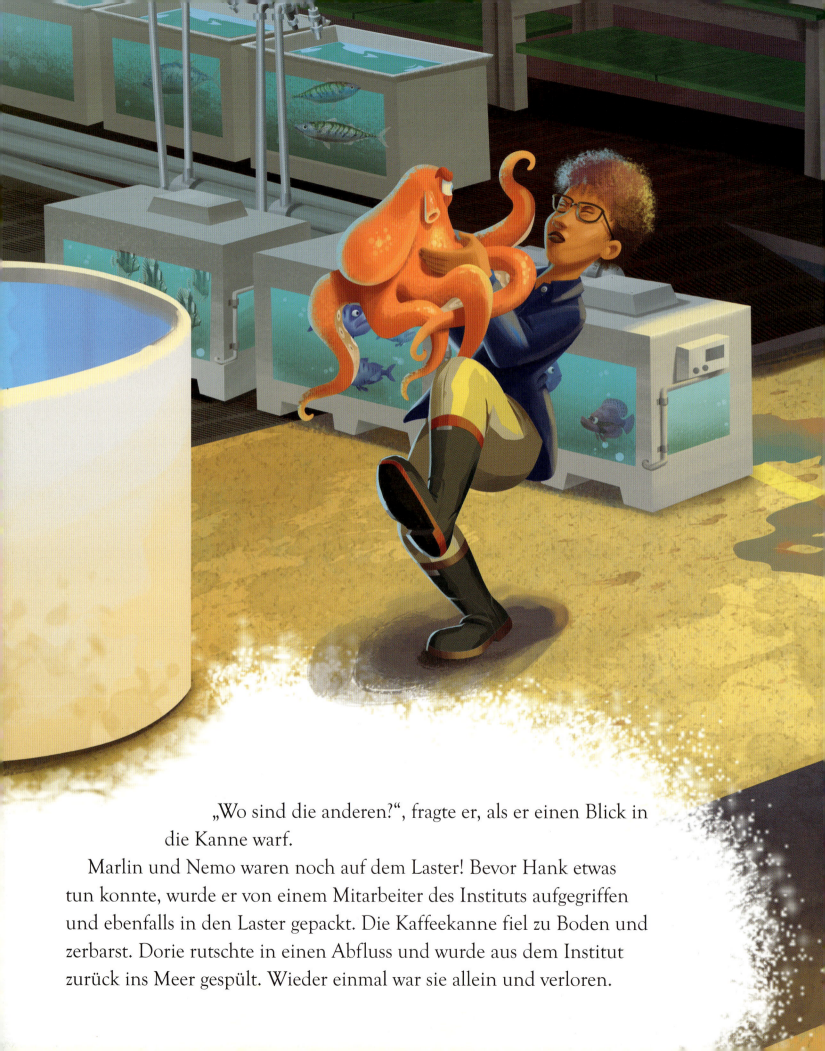

„Wo sind die anderen?", fragte er, als er einen Blick in die Kanne warf.

Marlin und Nemo waren noch auf dem Laster! Bevor Hank etwas tun konnte, wurde er von einem Mitarbeiter des Instituts aufgegriffen und ebenfalls in den Laster gepackt. Die Kaffeekanne fiel zu Boden und zerbarst. Dorie rutschte in einen Abfluss und wurde aus dem Institut zurück ins Meer gespült. Wieder einmal war sie allein und verloren.

In der Bucht vor dem h schwamm Dorie planlos herum. Sie hatte schreckliche Angst, dass sie wieder alle vergessen würde.

Aber dann fiel ihr etwas ins Auge: eine Spur aus Muscheln. Da Dorie Muscheln mochte, folgte sie der Spur.

In diesem Moment tauchten zwei Umrisse aus dem Dunkeln auf. Es waren ihre Eltern!

Die ganze Zeit über hatten Dories Eltern Muschelspuren hinterlassen – in der Hoffnung, dass Dorie sie sehen und sich erinnern würde.

„Ihr seid es wirklich!", rief Dorie und brach in Tränen aus.

„Liebling, du hast uns gefunden", freute sich Dories Mutter. „Und weißt du, warum? Weil du dich auf deine ganz eigene Dorie-Art erinnert hast."

Dorie war überglücklich, wieder mit ihrer Familie vereint zu sein, aber dann fielen ihr Marlin und Nemo ein. Sie musste zurückschwimmen und sie retten!

Dorie und ihre Eltern schwammen so schnell sie konnten, aber sie kamen zu spät: Der Lastwagen, in dem Marlin, Nemo und Hank steckten, fuhr gerade davon.

Dorie schwamm panisch umher und versuchte, sich etwas einfallen zu lassen. Plötzlich erinnerte sie sich an ihre Freunde Destiny und Bailey. Die beiden konnten ihr bestimmt helfen!

„DESTINIIIIII!", rief Dorie auf Walisch.

„Dorie?", antwortete Destiny.

Bailey setzte seine Echo-Ortung ein und sah, dass Dorie sich direkt vor dem Institut befand. Der Wal und der Hai sprangen über die Mauer ins offene Meer, um ihrer kleinen Freundin zu helfen.

Bailey ortete den Laster. Die Freunde schwammen hinterher und holten ihn kurz vor einer Brücke ein.

Dorie hatte eine tolle Idee: Sie mussten den Verkehr anhalten. Also bat sie einige der Otter, die gerade in der Nähe waren, auf die Brücke zu klettern und dort miteinander zu kuscheln! Dieser niedliche Anblick brachte die Autofahrer und mit ihnen den Lastwagenfahrer dazu, mit quietschenden Reifen anzuhalten.

Destiny katapultierte Dorie mit ihrer Schwanzflosse auf die Brücke.

Ein Otter fing sie auf, öffnete die Ladetür des Lastwagens und schubste sie hinein. Der Plan hatte funktioniert!

Hinten im Laster setzte Hank Dorie in das Aquarium von Marlin und Nemo.

„Du bist zurückgekommen!", rief Nemo.

„Natürlich", sagte Dorie. „Ich konnte meine Familie doch nicht im Stich lassen."

Destinys Stimme ertönte aus dem Meer. Sie versuchte Dorie zu warnen, dass die Autos gleich wieder losfahren würden.

Diesmal hatte Marlin einen Plan. Er rief Becky herbei, den Vogel, der sie in das Institut getragen hatte. Im Flug fischte sie Marlin und Nemo mit ihrem Eimer aus dem Aquarium heraus.

„Nein, nein, warte", schrie Marlin, „Dorie fehlt noch!"

Aber Becky hörte nicht zu. Sie ließ Marlin und Nemo ins Meer fallen und machte sich bereit, zu ihrem Schwarm zurückzukehren.

Plötzlich sahen sich Marlin und Nemo Destiny und Bailey gegenüber.

„Wo ist Dorie?", wollte Destiny wissen.

Marlin wurde klar, dass die zwei Furcht einflößenden Tiere Dories Freunde waren. Und dann entdeckte er die beiden Doktorfische, die bei ihnen waren – Dories Eltern!

Schließlich gelang es Marlin doch, Becky zu überreden, zum Laster zurückzufliegen und Dorie zu holen. Becky landete im Laster. Hank wollte Dorie gerade in den Eimer heben, doch Dorie hielt ihn zurück.

„Du fährst nicht nach Cleveland, du kommst mit mir ins Meer", sagte sie.

Hank war sich nicht sicher, aber schließlich überzeugte Dorie ihn, dass es viel besser sei, mit Freunden zu leben, als ganz allein in einem Aquarium.

In diesem Moment knallte der Fahrer die Türen zum Laderaum zu. Dorie, Hank und Becky waren im Laster gefangen!

Hank quetschte sich durch den Lüftungsschlitz und breitete sich auf der Windschutzscheibe aus. Der erschrockene Fahrer hielt an und stieg aus. Da kletterte Hank auf den Fahrersitz und verriegelte die Türen!

Dann hob er Dorie aus dem Aquarium und setzte sie in eine Tasse Wasser auf dem Armaturenbrett. Während der Fahrer auf der Straße wild herumsprang und brüllte, startete Hank den Motor und fuhr los!

„Hank", sagte Dorie, „ich werde dich jetzt um etwas völlig Verrücktes bitten."

Hank grinste. Er wusste, was zu tun war.

Dories Familie konnte vom Meer aus beobachten, wie Hank den Laster von der Brücke fuhr.

Die Türen flogen auf, und alle Fische plumpsten ins Wasser. Sie waren frei!

Marlin, Nemo und Dorie machten sich auf den Weg nach Hause, zum anderen Ende des Ozeans – und sie nahmen alle ihre Freunde und Verwandten mit!
Hank, Destiny, Bailey und Dories Eltern lebten nun zusammen in ihrem neuen Zuhause.

Dorie war so glücklich wie nie zuvor. Manchmal schwamm sie sogar allein los, weil sie sich immer daran erinnerte, wie sie zu ihrer Familie zurückfinden konnte. „Bin bald wieder da, Leute", sagte sie eines Tages. „Ich muss was erledigen."

Doch Marlin befürchtete immer noch, dass Dorie sich verirren könnte, und folgte ihr. Er blieb ein ganzes Stück hinter ihr zurück, damit sie ihn nicht bemerkte. Marlin beobachtete, wie Dorie zum Rand des Korallenriffs schwamm und in die Weiten des Ozeans blickte.

„Hallo Marlin", sagte Dorie plötzlich. Sie hatte irgendwie gespürt, dass er da war.

„Oh", erwiderte Marlin. „Hallo Dorie."

Marlin schwamm zu Dorie. Gemeinsam schauten sie hinaus ins Blaue.

„Ist das nicht eine tolle Aussicht?", bemerkte Marlin.

„Total", antwortete Dorie.

„Genau wie diese hier", fügte Marlin hinzu, als er sich umdrehte und sah, dass alle anderen Dorie ebenfalls gefolgt waren.

Dorie sah ihre ganze Familie an und lächelte.

„Unvergesslich", sagte sie.

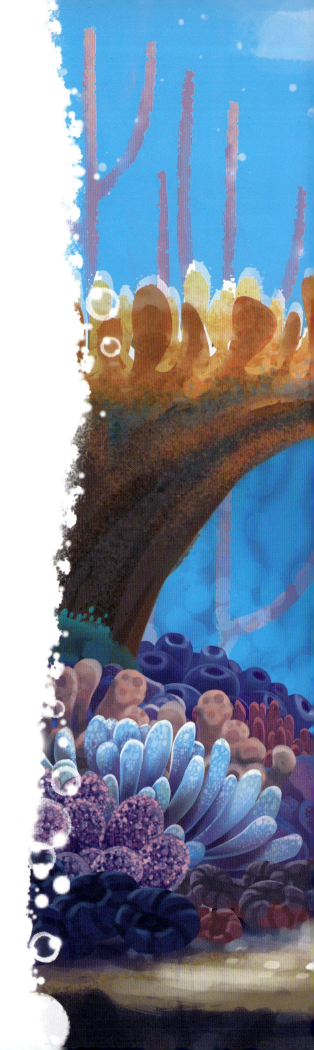